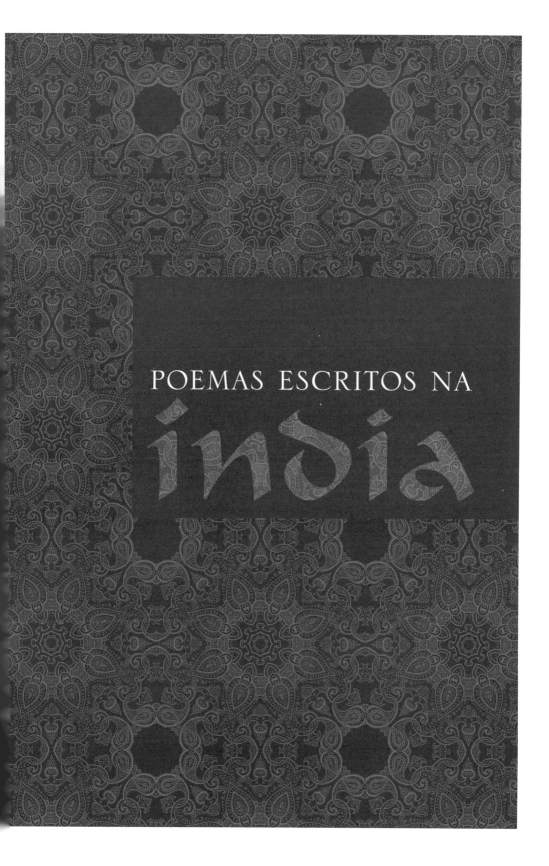

POEMAS ESCRITOS NA
índia

Apresentação
Afonso Henriques Neto

Coordenação Editorial
André Seffrin

São Paulo
2014

© Condomínio dos Proprietários dos Direitos Intelectuais de Cecília Meireles
Direitos cedidos por Solombra – Agência Literária (solombra@solombra.org)

2ª Edição, Global Editora, São Paulo 2014

- Jefferson L. Alves
  Diretor Editorial

- Gustavo Henrique Tuna
  Editor Assistente

- André Seffrin
  Coordenação Editorial,
  Estabelecimento de Texto,
  Cronologia e Bibliografia

- Flávio Samuel
  Gerente de Produção

- Flavia Baggio
  Assistente Editorial

- Elisa Andrade Buzzo
  Revisão

- Katya Ulitina/Shutterstock
  Imagem da Capa

- Eduardo Okuno
  Projeto Gráfico e Capa

A Global Editora agradece à Solombra – Agência Literária pela gentil cessão dos direitos de imagem de Cecília Meireles.

CIP BRASIL. Catalogação na fonte
Sindicato Nacional dos Editores de Livros, RJ

M453a
2. ed.

Meireles, Cecília, 1901-1964
    Poemas escritos na Índia / Cecília Meireles ; coordenação André Seffrin. – 2.ed. – São Paulo : Global, 2014.

    ISBN 978-85-260-2010-8

    1. Poesia brasileira. I. Seffrin, André. II. Título.

14-09116   CDD: 869.91
                                 CDU: 821.134.3(81)-1

Direitos Reservados

**Global Editora e
Distribuidora Ltda.**
Rua Pirapitingui, 111 – Liberdade
CEP 01508-020 – São Paulo – SP
Tel.: (11) 3277-7999 – Fax: (11) 3277-8141
e-mail: global@globaleditora.com.br
www.globaleditora.com.br

*Colabore com a aprodução científica e cultural.
Proibida a reprodução total ou parcial desta obra sem a
autorização do editor.*

Nº de Catálogo: 3547

Sumário

Delicada linguagem de cristal – *Afonso Henriques Neto*   11

Lei do passante 25
Rosa do deserto 27
Som da Índia 29
Multidão 31
Pobreza 33
Canção do menino que dorme 35
Participação 37
Os cavalinhos de Delhi 39
Tarde amarela e azul 41
Cidade seca 43
Humildade 45
Mahatma Gandhi 47
Manhã de Bangalore 49
Banho dos búfalos 51
Bazar 53
Adolescente 55
Poeira 57
Lembrança de Patna 59
Passeio 61
Bem de madrugada 63
Menino 65
Santidade 67
Canavial 69
Os jumentinhos 71
Horizonte 73
Fala 75
Turquesa d'água 77
Música 79
Estudantes 81
O elefante 83
Zimbório 85

Cego em Haiderabade 87
Canção para Sarojíni 89
Pedras 91
Aparecimento 93
Cavalariças 95
Parada 97
Manhã 99
Tecelagem de Aurangabade 101
Romãs 103
Ganges 105
Deusa 107
Cançãozinha para Tagore 109
Ventania 111
Golconda 113
Desenho colorido 115
Jaipur 117
Página 119
Loja do astrólogo 121
Família hindu 123
Canto aos bordadores de Cachemir 125
Mulheres de Puri 127
Tempestade 129
Taj-Mahal 131
Cançãozinha de Haiderabade 133
Anoitecer 135
Marinha 137
Adeuses 139
Praia do fim do mundo 141

Cronologia 143
Bibliografia básica sobre Cecília Meireles 151
Índice de primeiros versos 161

Delicada linguagem de cristal

Cecília Meireles se afirmou na história da poesia brasileira na condição de uma das forças líricas mais notáveis. Nela se encontram em permanente tensão a consciência objetiva do mundo e o subconsciente místico e imaterial, fato que vai conduzir toda a obra ceciliana por caminhos em que o real se apresentará enriquecido pelo mistério da irrealidade na conformação de uma atmosfera transfiguradora e algo sobrenatural.

Órfã de pai e mãe muito cedo, a poeta conviverá precocemente com o silêncio e a solidão, marcos importantes na construção da futura obra. No entanto, a escritora nunca escondeu que esse enlace de silêncio e solidão sempre foi vivido sob um ponto de vista positivo, como sendo guias constitutivos de uma poética visão do mundo e, por consequência, responsáveis diretos pela própria tessitura da sensibilidade artística. Há que se acrescentar que a poesia ceciliana se viu desde o início marcada por forte ascendência simbolista, com atração, de nítido caráter português, pelas cantigas e baladas de cunho medieval, que já haviam, inclusive, seduzido um ilustre ascendente de Cecília, Alphonsus de Guimaraens.

Pode-se dizer, assim, que vem da infância o fascínio da poeta pela contemplação e pelos livros, pois ela mesma vai explicitar que o impulso na direção da criação poética surgiu-lhe cedo, "desde as primeiras histórias ouvidas, das primeiras cantigas, dos primeiros brinquedos. Quando eu ainda não sabia ler, brincava com os livros, e imaginava-os cheios de vozes, contando o mundo. Sempre me foi muito fácil compor cantigas para os brinquedos; e, desde a escola primária, fazia *versos* – o que não quer dizer que escrevesse *poesia*."[1] Na adolescência brota-lhe a paixão pelo Oriente,

---
[1] MENEZES, Fagundes de. Silêncio e solidão: dois fatores positivos na vida da poetisa. *Revista Manchete*, Rio de Janeiro, 3 out. 1953.

o que a conduziu aos estudos cada vez mais aprofundados sobre as culturas orientais, fato que perdurou por toda sua vida.

Ao primeiro livro, *Espectros* (Rio de Janeiro, 1919), sonetos muito juvenis e marcados pelo Parnasianismo, seguirão mais dois (*Nunca mais...* e *Poemas dos poemas*, de 1923 e *Baladas para El-Rei*, de 1925) em que o Simbolismo se fará presente. A consagração de Cecília Meireles entre os maiores poetas de língua portuguesa vai se dar, contudo, em 1939 com a publicação de *Viagem*. A esse extraordinário livro, seguem-se *Vaga música* (1942) e *Mar absoluto e outros poemas* (1945), nos quais se encontram, entre tantas riquezas, as raízes da experiência poética com relação aos países visitados por ela, uma vez que a poeta sempre viajou bastante, desde os périplos pelas universidades norte-americanas e pela Europa de sua ancestralidade e identificação cultural, até o Oriente da Goa portuguesa e da Índia mística em que se destaca a figura de Mahatma Gandhi. Há que se falar ainda do *Romanceiro da Inconfidência* (1953), em que a utilização do romance popular ibérico para tratar da civilização do ouro no Brasil e do anseio de libertação do jugo português vai construir um livro definitivo, dos mais altos de nossa literatura.

Mas retornemos ao ano de 1948, quando a poeta é golpeada pela notícia do assassinato do Mahatma e escreve a comovida "Elegia sobre a morte de Gandhi". O poema será traduzido na Índia, o que abrirá as portas para o convite do então primeiro-ministro Nehru, em 1953, para que Cecília visitasse aquele país. Essa visita vai proporcionar à poeta uma forte imersão na atmosfera espiritual do lugar, quando então começam a brotar os versos que darão origem ao livro *Poemas escritos na Índia*, publicado mais tarde, em 1961, no Rio de Janeiro.

Cecília Meireles é poeta essencialmente visual, por isso os detalhes da realidade são sempre matizados pela mais pura emoção lírica em que a música – ritmo e sonoridade das palavras – tem papel fundamental na conformação do apuro formal de cada poema. Dessa maneira, é possível dizer que o equilíbrio entre os discursos intelectual e sensorial percorre toda a poética ceciliana, com a prevalência de uma lírica abstração da linguagem, no sentido de busca por uma espiritualidade que revele os desvãos mais profundos da condição humana. Nessa estrada, os temas da efemeridade das coisas e, por extensão, de certo ceticismo metafísico vão pontuar toda a obra da escritora.

Os *Poemas escritos na Índia* trazem à baila outra característica marcante de Cecília que é a limpidez, a extrema fluidez expressional. As palavras escorrem tal um rio de diamantes, profusa cintilação de vertiginosos cristais. Os assuntos são os mais variados, pois é ideia da poeta apresentar um amplo mosaico da cultura do país retratado. Dessa maneira, o interesse de Cecília vai se derramar com riqueza não só em torno de localidades, edificações especiais ou ofícios diversos, mas, sobretudo, sobre os aspectos intrinsecamente humanos, descrevendo com requintada beleza homens, mulheres e crianças em seus universos particulares. Na "Canção do menino que dorme", devaneia:

> Menino de rosto de tâmara,
> tênue como a palha do arroz,
> os bosques da noite vão tirando sonhos
> de dentro de cada flor.[2]

No poema "Menino", diz:

> Trouxe o meninozinho – mas só na memória.
> Menino que vai ser surdo, tão surdo
> que jamais saberá deste meu doce amor.
>
> As palavras rolarão sobre a sua alma
> como pérola em veludo: sem qualquer som.[3]

---
2   MEIRELES, Cecília. Canção do menino que dorme. In: _____. *Poemas escritos na Índia*. São Paulo: Global Editora, 2014, p. 35.
3   Idem. Menino. In: Ibidem, p. 65.

Em "Mulheres de Puri", a poeta se admira do árduo trabalho a que elas são submetidas:

> Alguém se lembrará de vosso corpo agachado,
> deusas negras de castos peitos nus,
> de vossas delgadas mãos a amontoarem pedras
> para a construção dos caminhos.
>
> Quando as estradas ficarem prontas,
> mulheres de Puri,
> alguém se lembrará que está passeando sobre a sombra
> de vossos calmos vultos azuis e negros.[4]

Cecília não esquecerá nomes do porte de Gandhi e do poeta Rabindranath Tagore. Chamará o primeiro de "construtor da esperança" e dedicará ao segundo a "Cançãozinha para Tagore", em que escreve a seguinte preciosidade:

> Chegaremos de mãos dadas,
> Tagore, ao divino mundo
> em que o amor eterno mora
> e onde a alma é o sonho profundo
> da rosa dentro da aurora.[5]

A pobreza e a humildade de grande parcela do povo chamarão com força a atenção de Cecília. Desse modo, ela dirá em "Pobreza" de:

> [...] um homem tão antigo
> que parecia imortal.

---
4 Idem. Mulheres de Puri. In: Ibidem, p. 127.
5 Idem. Cançãozinha para Tagore. In: Ibidem, p. 109.

Tão pobre
que parecia divino.[6]

E em "Humildade":

Varre o chão de cócoras.
Humilde.
Vergada.
Adolescente anciã.

[...]

Uma pobreza resplandecente.

[...]

O dia entrando em noite.
A vida sendo morte.
O som virando silêncio.[7]

Da mesma maneira que a poeta fala de grandes nomes da cultura indiana e da pobreza e humildade tão perceptível no seio do povo, a ampla imagem que ela então oferece em "Multidão" recai de forma muito interessante sobre o conjunto das roupagens da população em versos extremamente sugestivos:

Mais que o fogo em floresta seca,
luminosos, flutuantes, desfrisados vestidos
resvalam sucessivos,
entre as pregas, os laços, as pontas soltas
dos embaralhados turbantes.[8]

---
6   Idem. Pobreza. In: Ibidem, p. 33.
7   Idem. Humildade. In: Ibidem, p. 45.
8   Idem. Multidão. In: Ibidem, p. 31.

A viagem empreendida por Cecília prossegue a discorrer agora sobre monumentos arquitetônicos conhecidos, como o Taj-Mahal, mas sem se descurar de alguns detalhes que podem passar despercebidos aos olhos dos mais desatentos, e que a sensibilidade ceciliana captura de modo tão expressivo e profundo que se diria assemelhar-se a um olhar aceso sobre o maravilhoso. O poema "Zimbório", que descreve a rápida passagem da cúpula de um templo perdido na paisagem, traz essa revelação poética vertiginosa:

>No meio do campo, longe,
>o grande zimbório verde e azul vai desaparecer.
>Parece um pavão morto.
>
>Dizei-me que nele brilharam
>como em penas cambiantes
>as várias fases da lua,
>carregadas de olhos humanos!
>
>[...]
>
>O grande zimbório vai adernando:
>enorme, baça pérola azul e verde,
>grande ovo triste de um pássaro mágico,
>entre os ombros da areia fosca.
>
>Até o horizonte, o mundo é um deserto redondo,
>com o zimbório redondo
>e um redondo silêncio.
>
>Tudo vai sendo jamais.
>Tudo é para sempre nunca.[9]

---

9 Idem. Zimbório. In: Ibidem, p. 85.

As recordações das localidades percorridas se sucedem, transformadas em pura e alta poesia. "Lembrança de Patna" é um desses momentos especiais. É de se notar aqui contrastes bem construídos, com a passagem de uma atitude plácida para imagens de absoluto arrebatamento:

> Tudo era humilde em Patna:
> torneiras secas,
> cortinados tristes,
> salas sonolentas.
>
> Mas as flores de ervilha cheiravam com a violência
> de um pássaro que dá todo o seu canto.
>
> [...]
>
> As casas, simples,
> as pessoas, tímidas.
> Tudo era só bondade e pobreza.
>
> Mas as flores de ervilha cheiravam com a violência
> de uma cascata despenhada.[10]

No poema "Jaipur" dá-se a permanência no interior dessas mágicas recordações, agora em forma de elegíaca despedida:

> Adeus, Jaipur,
> adeus, casas cor-de-rosa com ramos brancos,
> pórticos, peixes azuis nos arcos de entrada.
>
> [...]

---

10 Idem. Lembrança de Patna. In: Ibidem, p. 59.

> Adeus, cortejos dourados, música de casamentos,
> festa bailada e cintilante das ruas, e trinados de flauta.
>
> [...]
>
> Adeus, cores.
> Adeus, Jaipur, sandálias, véus,
> macio vento de marfim.
>
> Adeus, astrólogo.
> Muitos adeuses sobre o Palácio do Vento.
> (Onde eu devia morar!)
> Sobre o Palácio do Vento meus adeuses: pombos esvoaçantes.
> Meus adeuses: rouxinóis cantores.
> Meus adeuses: nuvens desenroladas.
> Meus adeuses: luas, sóis, estrelas, cometas mirando-te.
> Mirando-te e partindo,
> Jaipur, Jaipur.[11]

E assim a poeta também se encantava com uma "Loja do astrólogo":

> Era astrólogo ou simples poeta?
> Era o vidente do ar.
> Tinha uma loja azul-cobalto,
> claro céu dentro do bazar.
> Teto e paredes só de estrelas:
> e a lua no melhor lugar.[12]

Há que se dizer ainda da qualidade da pintura poética quando Cecília dirigia a atenção para a natureza indiana. Primeiro em "Rosa do deserto", em que a poeta se utiliza da anáfora para construir a repetição do olhar sobre a rosa e o mundo:

---

11 Idem. Jaipur. In: Ibidem, p. 117.
12 Idem. Loja do astrólogo. In: Ibidem, p. 121.

Eu vi a rosa do deserto
ainda de estrelas orvalhada:
era a alvorada.

[...]

Os aéreos muros do dia
punham diamantes na paisagem:
clara miragem.

E a voz dos Profetas batia
contra imensas portas de vento
seu chamamento.

[...]

Eu vi a rosa do deserto:
a exata rosa, a ígnea medida
da humana vida.

Eu vi o mundo recoberto
pela manhã de claridade
da incandescente eternidade.[13]

A seguir com o lirismo estampado na "Tarde amarela e azul":

Dourados campos solitários,
longas e longas extensões cor de mostarda.
São flores?
Lua do crepúsculo abrindo no céu jardins aéreos,
nuvens de opalas delicadas.

---
13 Idem. Rosa do deserto. In: Ibidem, p. 27.

[...]

De uma exígua moita,
sai de repente um bando de pássaros:
como um fogo de artifício todo de estrelas azuis.[14]

Que é quando se infiltra entre nós o misterioso, elevado, atemporal e quase silencioso "Som da Índia":

Por um momento, o universo, a vida
podem ser apenas este pequeno som
enigmático

entre a noite imóvel
e o nosso ouvido.[15]

Poderia continuar citando toda a beleza que emana dessa poesia que se deixou entranhar de modo integral pelas intensas impressões que a Índia foi aos poucos revelando ao atento e sensível espírito da poeta viajante, mas penso que o leitor já percebeu toda a urgência de seguir direto ao encontro do inteiro percurso proporcionado por uma das mais altas vozes poéticas em língua portuguesa. Viagem que lembra, sem dúvida, o transcurso do rio Ganges, sagrado para os indianos,

[...] que diz adeus à terra,
que saúda os verdes jardins e os negros pântanos,
que recolhe as cinzas dos mortos em seu regaço d'água:

Eis o Ganges que entra respeitoso no pátio de cristal do mar.

---

14 Idem. Tarde amarela e azul. In: Ibidem, p. 41.
15 Idem. Som da Índia. In: Ibidem, p. 29.

[...]

Eis o Ganges. Imenso. Venerável. Patriarcal.[16]

Assim Cecília Meireles ensina e ilumina, poderoso farol de sensibilidade, incorruptível diamante.

AFONSO HENRIQUES NETO

---

[16] Idem. Ganges. In: Ibidem, p. 105.

POEMAS ESCRITOS NA

Lei do passante

Passante quase enamorado,
nem livre nem prisioneiro,
constantemente arrebatado,
— fiel? saudoso? amante? alheio? —
a escutar o chamado,
o apelo do mundo inteiro,
nos contrastes de cada lado...

Chega?

Passante quase enamorado,
já divinamente afeito
a amar sem ter de ser amado,
porque o tempo é traiçoeiro
e tudo lhe é tirado
repentinamente do peito,
malgrado seu querer, malgrado...

Passa?

Passante quase enamorado,
pelos campos do inverdadeiro,
onde o futuro é já passado...
— Lúcido, calmo, satisfeito,
— fiel? saudoso? amante? alheio? —
só de horizontes convidado...

Volta?

Rosa do deserto

Eu vi a rosa do deserto
ainda de estrelas orvalhada:
era a alvorada.

Por mais que parecesse perto,
não vinha daqueles lugares
de céus e mares.

Os aéreos muros do dia
punham diamantes na paisagem:
clara miragem.

E a voz dos Profetas batia
contra imensas portas de vento
seu chamamento.

Reis-touros e deusas-hienas
brandiam seus perfis de outrora
à ardente aurora.

Trágicas e divinas cenas
ali jaziam soterradas,
sem madrugadas.

Eu vi a rosa do deserto:
a exata rosa, a ígnea medida
da humana vida.

Eu vi o mundo recoberto
pela manhã de claridade
da incandescente eternidade.

Som da Índia

Talvez seja o encantador de serpentes!

Mas nossos olhos não chegam a esses lugares
de onde vem sua música.

(São uns lugares de luar, de rio, de pedra noturna,
onde o sonho do mundo apaziguado repousa.)

Mas talvez seja ele.

As serpentes, em redor, suspenderão sua vida,
arrebatadas.

(Oh! elevai-nos do chão por onde rastejamos!)

E muito longe o nosso pensamento em serpentes se eleva
na aérea música azul que a flauta ondula.

Por um momento, o universo, a vida
podem ser apenas este pequeno som
enigmático

entre a noite imóvel
e o nosso ouvido.

Multidão

Mais que as ondas do largo oceano
e que as nuvens nos altos ventos,
corre a multidão.

Mais que o fogo em floresta seca,
luminosos, flutuantes, desfrisados vestidos
resvalam sucessivos,
entre as pregas, os laços, as pontas soltas
dos embaralhados turbantes.

Aonde vão esses passos pressurosos, Bhai?
A que encontro? a que chamado?
em que lugar? por que motivo?

Bhai, nós, que parecemos parados,
por acaso estaremos também,
sem o sentirmos,
correndo, correndo assim, Bhai, para tão longe,
sem querermos, sem sabermos para onde,
como água, nuvem, fogo?

Bhai, quem nos espera, quem nos receberá,
quem tem pena de nós,
cegos, absurdos, erráticos,
a desabarmos pelas muralhas do tempo?

Pobreza

Não descera de coluna ou pórtico,
apesar de tão velho;
nem era de pedra,
assim áspero de rugas;
nem de ferro,
embora tão negro.

Não era uma escultura,
ainda que tão nítido,
seco,
modelado em fundas pregas de pó.

Não era inventado, sonhado,
mas vivo, existente,
imóvel testemunha.

Sua voz quase imperceptível
parecia cantar – parecia rezar
e apenas suplicava.
E tinha o mundo em seus olhos de opala.

Ninguém lhe dava nada.
Não o viam? Não podiam?
Passavam. Passávamos.
Ele estava de mãos postas
e, ao pedir, abençoava.

Era um homem tão antigo
que parecia imortal.
Tão pobre
que parecia divino.

Canção do menino que dorme

Quente é a noite,
o vento não vem.
E o menino dorme tão bem!

Menino de rosto de tâmara,
tênue como a palha do arroz,
os bosques da noite vão tirando sonhos
de dentro de cada flor.

Águas tranquilas, com búfalos mansos,
elefantes de arco-íris na tromba.
Pássaros que cantam nas varandas verdes
das mangueiras redondas.

Ah, os macaquinhos do tempo de Rama
constroem rendadas pontes de bambu,
menino de luz e colírio,
são de ouro e de açúcar os pavões azuis!

Passam como deusas noivas escondidas
em cortinas de seda encarnada:
em volta são grades e grades de música,
de dança, de flores, de véus de ouro e prata.

Quente é a noite,
o vento não vem.
E o menino dorme tão bem!

Oh, a monção que levanta as nuvens,
que faz explodir os trovões,
não leva os meninos de retrós e sândalo,
tênues como a palha do arroz!

Participação

De longe, podia-se avistar o zimbório e os minaretes
e mesmo ouvir a voz da oração.

De perto, recebia-se nos braços
aquela arquitetura de arcos e escadas,
mármores reluzentes e tetos cobertos de ouro.

De mais perto, encontrava-se cada pássaro
embrechado nas paredes,
cada ramo e cada flor,
e a fina renda de pedra que bordava a tarde azul.

Mas só de muito perto se podia sentir a sombra das mãos
que outrora houveram afeiçoado
coloridos minerais
para aqueles desenhos perfeitos.
E o perfil inclinado do artesão,
ido no tempo anônimo,
um dia ali de face enamorada em seu trabalho,
servo indefeso.

E só de infinitamente perto se podia ouvir
a velha voz do amor naquelas salas.
(Ó jorros de água, finíssimas harpas!)
E os nomes de Deus, inúmeros,
em lábios, paredes, almas...

(Ó longas lágrimas, finíssimos arroios!)

Pobreza, riqueza,
trabalho, morte, amor,
tudo é feito de lágrimas.

Os cavalinhos de Delhi

Entre palácios cor-de-rosa,
ao longo dos verdes jardins,
correm os cavalinhos bizarros,
os leves, ataviados cavalinhos de Delhi.

Plumas, flores, colares, xales,
tudo que enfeita a vida está aqui:
penachos de cores brilhantes,
ramais de pedras azuis,
bordados, correntes, pingentes...

Chispam os olhos dos cavalinhos
entre borlas e franjas:
entre laços e flores cintilam os dentes claros
dos leves, ágeis cavalinhos de Delhi.

Os cavalinhos de Delhi são como belas princesas morenas
de flor no cabelo,
aprisionadas em sedas e joias
ou como dançarinas abrindo e fechando véus dourados
e sacudindo suas pulseiras de bogari.

Mas de repente disparam com seus carrinhos encarnados
e parecem cometas loucos, dando voltas pelas ruas,
os caprichosos cavalinhos de Delhi.

Tarde amarela e azul*

Viajo entre poços cavados na terra seca.
Na amarela terra seca.
Poços e poços de um lado e de outro.

Sáris amarelos e azuis,
homens envoltos em velhos panos amarelados,
crianças morenas e dóceis;
tudo se mistura aos veneráveis bois
que sobem e descem em redor dos poços.

Dourados campos solitários,
longas e longas extensões cor de mostarda.
São flores?
Lua do crepúsculo abrindo no céu jardins aéreos,
nuvens de opalas delicadas.

Poços e poços. E mulheres carregando ramos ainda com folhas,
árvores caminhantes ao longo da tarde silenciosa.

Passeiam os pavões, reluzentes e felizes.
Caminham os búfalos mansos, de chifres encaracolados.
Caminham os búfalos ao lado dos homens: uma só família.

E os ruivos camelos aparecem como colinas levantando-se,
e passam pela última claridade do crepúsculo.

---

* Há uma variante anterior deste poema com o título "Campo na Índia", publicada anteriormente por Cecília Meireles em sua *Obra poética* (Editora José Aguilar, 1958). (N. E.)

Todas as coisas do mundo:
homens, flores, animais, água, céu...

Quem está cantando muito longe uma pequena cantiga?

De uma exígua moita,
sai de repente um bando de pássaros:
como um fogo de artifício todo de estrelas azuis.

(E o deserto está próximo.)

Cidade seca

A estrada – pó de açafrão que o vento desmancha.
E quem passa?

O esqueleto visível do poço com suas escadas antigas.
E quem chega?

Pelos palácios vazios, paredes de nácar, de espelhos baços.
E quem entra?

Chuva nenhuma, jamais. Os rios de outrora – vales de poeira.
E quem olha?

Ainda rósea, e crespa de inscrições, de arcos, pórticos, varandas,
a cidade admirável é um cravo seco na mão do sol reclinado.
Do sol que ainda a beija, antes de morrer, também.

Humildade

Varre o chão de cócoras.
Humilde.
Vergada.
Adolescente anciã.

Na palha, no pó
seu velho sári inscreve
mensagens de sol
com o tênue galão dourado.

Prata nas narinas,
nas orelhas,
nos dedos,
nos pulsos.

Pulseiras nos pés.

Uma pobreza resplandecente.

Toda negra:
frágil escultura de carvão.

Toda negra:
e cheia de centelhas.

Varre seu próprio rastro.

Apanha as folhas do jardim
aos punhados,

primeiro;
uma
por
uma
por fim.

Depois desaparece,
tímida,
como um pássaro numa árvore.

Recolhe à sombra
suas luzes:
ouro,
prata,
azul.
E seu negrume.

O dia entrando em noite.
A vida sendo morte.
O som virando silêncio.

Mahatma Gandhi

Nas grandes paredes solenes, olhando,
o Mahatma.

Longe no bosque, adorado entre incensos,
o Mahatma.

Nas escolas, entre os meninos que brincam,
o Mahatma.

Em frente do céu, coberto de flores,
o Mahatma.

Na vaca, na praia, no sal, na oração,
o Mahatma.

De alto a baixo, de mar a mar, em mil idiomas,
o Mahatma.

Construtor da esperança, mestre da liberdade,
o Mahatma.

Noite e dia, nos poços, nos campos, no sol e na lua,
o Mahatma.

No trabalho, no sonho, falando lúcido,
o Mahatma.

De dentro da morte falando vivo,
o Mahatma.

Na bandeira aberta a um vento de música,
o Mahatma.

Cidades e aldeias escutam atentas:
é o Mahatma.

Manhã de Bangalore

Auriceleste manhã com as estrelas diluídas
numa luz nova.

Um suspirar de galos através dos campos,
lá onde invisíveis cabanas acordam,
cinzentas e obscuras,
porém cheias de deuses sob os tetos de palha.

Auriceleste manhã com a brisa da montanha,
a rósea brisa,
desenhando seus giros de libélula
no horizonte de gaze.

Deslizam bois brancos e enormes
de chifres dourados,
– oscilantes cítaras
com borlas vermelhas nas pontas.

As primeiras mulheres assomam à janela do dia,
já cheias de pulseiras e campainhas,
entreabrindo seus véus como cortinas da aurora.

E o caminho vai sendo pontuado
de estrelas douradas,
aqui, ali, além,
no bojo dos vasos de cobre,
os vasos de cobre polido que elas carregam
como coroas.

Ai, frescura de rios matinais,
de panos brancos que ondulam ao sol!

Alegrias de água, sussurros de árvores.
O perfil do primeiro pássaro.

E a bela moça morena, com uma rosa na mão
e os dentes cintilantes.

Banho dos búfalos

Na água viscosa, cheia de folhas,
com franjas róseas da madrugada,
entram meninos levando búfalos.

Búfalos negros, curvos e mansos,
– oh, movimentos seculares! –
odres de leite, sonho e silêncio.

Cheia de folhas, a água viscosa
brilha em seus flancos e no torcido
esculturado lírio dos chifres.

Sobem e descem pela água densa,
finos e esbeltos, por entre as flores,
estes meninos quase inumanos,

com o ar de jovens guias de cegos,
– oh, leves formas seculares –
tão desprendidos de peso e tempo!

O dia límpido, azul e verde
vai levantando seus muros claros
enquanto brincam na água viscosa

estes meninos, por entre as flores,
longe de tudo quanto há no mundo,
estes meninos como sem nome,

nesta divina pobreza antiga,
banhando os dóceis, imensos búfalos,
– oh, madrugadas seculares!

Bazar

Panos flutuantes de todas as cores
às portas do vento, no umbral da tarde.

E olhos negros.

Jardins bordados: roupas, sandálias
como escrínios de seda para alfanjes.

E negros olhos.

Molhos de penas de pavão. Colares de nardo
a morrerem do próprio perfume
entre tufos de fios de ouro.

E os delicadíssimos dedos.

Pratos de doces verdes e cor-de-rosa:
pistache, coco, amêndoa, *gulab*.

Lábios de veludo.

Caixas, bandejas, aguamanil, sineta,
e o mundo do *bídri*: noite de chumbo e lua.

E olhos negros. E negros olhos.

Pingentes, borlas, ébano e laca,
feltros vermelhos, pulseiras de mica,
filigranas de marfim e ar.

E os dedos delicadíssimos.

Cestos cheios de grãos. Frigideiras enormes.
Grandes colheres. Muita fumaça. Muitos pastéis.

Lábios de veludo.

Corolas de turbantes. Brinquedos. Tapetes.
O homem que cose à máquina, o que lê as Escrituras.

Olhos negros.

Portais encarnados, cor de mostarda, verdes.
Velhos ourives. Ai, Golconda!
E uma voz bordando músicas trêmulas.

Negros olhos.

Bigodes. Balanças. Barros, alumínios.
Muitas bicicletas: porém o passo rítmico das mulheres majestosas.

Aromas de fruta, incenso, flor, óleo fervente.

Sedas voando pelo céu.

E os nossos olhos. Os nossos ouvidos. Nossas mãos.
(Objetos banais.)

Adolescente

As solas dos teus pés.
As solas dos teus pés pintadas de vermelho.

De teus pés correndo no verde chão do parque.

As solas dos teus pés brilhando e desaparecendo
sob a orla dourada da seda azul.

(A moça brincava sozinha,
bailava assim, por entre as árvores...)

As campainhas dos tornozelos, pingos d'água
sobre as flores dos teus pés pintados de vermelho.

As solas dos teus pés, pintadas de vermelho,
duas pétalas no tempo.
Duas pétalas rolando para o fim do mundo, ah!

Abaixavam-se, levantavam-se
as solas dos teus pés, pintadas de vermelho.

E no parque, os pavões, também vestidos de sol e céu,
clamavam para os horizontes seus anúncios,
transcendentes e tristes.

As solas dos teus pés correndo para longe,
duas pequenas labaredas.

(A moça brincava sozinha,
ia e vinha assim, com o ar, com a luz...)

Os teus pequenos pés.
O parque.
O mundo.
A solidão.

Poeira

Por mais que sacuda os cabelos,
por mais que sacuda os vestidos,
a poeira dos caminhos jaz em mim.

A poeira dos mendigos, em cinza e trapos,
dos jardins mortos de sede,
dos bazares tristes, com a seda a murchar ao sol,
a poeira dos mármores foscos,
dos zimbórios tombados,
dos muros despidos de ornatos,
saqueados num tempo vil.

A poeira dos mansos búfalos em redor das cabanas,
das rodas dos carros, em ruas tumultuosas,
do fundo dos rios extintos,
de dentro dos poços vazios,
das salas desabitadas, de espelhos baços,

a poeira das janelas despedaçadas,
das varandas em ruína,
dos quintais onde os meninozinhos
brincam nus entre redondas mangueiras.

A poeira das asas dos corvos
nutridos da poeira dos mortos,
entre a poeira do céu e da terra.

Corvos nutridos da poeira do mundo.

Da poeira da poeira.

Lembrança de Patna

Tudo era humilde em Patna:
torneiras secas,
cortinados tristes,
salas sonolentas.

Mas as flores de ervilha cheiravam com a violência
de um pássaro que dá todo o seu canto.

As ruas, modestas.
O campo, submisso:
as batatas pareciam apenas torrões mais duros.

As casas, simples,
as pessoas, tímidas.
Tudo era só bondade e pobreza.

Mas as flores de ervilha cheiravam com a violência
de uma cascata despenhada.

As flores de ervilha enchiam com seu perfume toda a cidade,
penetravam no museu, animavam os velhos retratos,
dançavam pelas ruas, frescas e policromas,
alegravam o céu e a terra,
coroavam a tarde com seus ramos apaixonados.

As flores de ervilha mandavam mensagens
até o fundo do rio
para as afogadas, saudosas grandezas remotas de Patna.

Passeio

Agora a tarde está cercada de leões de fogo,
ao longo das tamareiras,

mas quando o calor desmaiar em cinza,
iremos ouvir o tênue rumor fresco da água,
– de onde vem? de onde vem? –
iremos passear em redor do túmulo,

ó suave amiga, ó nuvem de musselina branca!

Iremos ouvir sobre o silêncio do tempo
o suspiro da água,
– de onde vem? de onde vem? –
enquanto os pobres adormecem,
escondidos nas suas barbas,
reclinados nas plantas.

No meio da noite morna,
os pobres dormem pelo jardim:
cama de flores,
cortinas de aragem,
o silêncio tecendo sonhos.

Ouviremos a frescura da água,
ó suave amiga, ó nuvem de musselina branca!
– de onde vem? de onde vem? –

Pisaremos com extrema delicadeza,
sem o menor sussurro,

porque os pobres estão sonhando.

Bem de madrugada

Bem de madrugada,
vamos ver os homens lavrarem os campos.

Antes que o sol derrame
torrentes de fogo, vamos ver os homens,
bem de madrugada,
em seu trabalho eterno.

Muito de madrugada,
vamos ver os bois, reis da terra de outrora.

Vamos ver o mistério
dos cestos, das rodas, da terra entreaberta,
muito de madrugada,
e os ritos seculares.

Bem de madrugada.
Deuses? Sacerdotes? Mágicos? Patriarcas?

Dormimos e sonhamos?
Os homens esposam terra, semente, água,
bem de madrugada,
com reverentes gestos.

Muito de madrugada.
Quando a sombra dos bois é impalpável charrua.

E há um silêncio redondo:
úmida suspira a terra perfumada
entre horizontes de ouro.

Bem de madrugada.

Menino

Trouxe um menino.
Apanhei-o no bazar de ouro e prata,
onde as joias são como as folhas das mangueiras:
milhares, milhares.

Tudo ensurdecia: pulseiras, campainhas,
brincos de pingentes,
argolas para os tornozelos, correntes com guizos,
enfeites para tranças, corações com pedra sangrenta,
diamantes para a narina.

Mas eu só trouxe a criança.

Apanhei-a entre os carrinhos de comida,
grãos dourados, gomos de cana,
bolinhos fumegantes,
frutos de toda casta,
biscoitos de pistache e rosa,
açúcar em nuvens de algodão.

Trouxe o menino.
Apanhei-o entre mulheres morenas, lânguidas,
sonâmbulas.
Entre velhos de barbas imensas, que recitam versículos.
Entre mercadores distraídos, de cócoras,
que fazem subir e descer douradas balanças.

Montes verdes, azuis, vermelhos: condimentos, colírio,
e óleo de *gulab*, rosa, rosa
para as tranças de seda negra.

Trouxe o meninozinho:
tem um sinal de carvão na testa
e furos nas orelhas
para muitos talismãs:
não ouvirá canto de sereia, nem sedução de demônio:
calúnia, mentira, lisonja,
ofensa ou engano das palavras humanas.

Trouxe o meninozinho – mas só na memória.
Menino que vai ser surdo, tão surdo
que jamais saberá deste meu doce amor.

As palavras rolarão sobre a sua alma
como pérola em veludo: sem qualquer som.

Trouxe o meninozinho nas minhas pálpebras:
um menino oriental, ainda de colo,
com os olhos negros circundados de colírio,
um menino que adormece com tinidos de pingentes de prata,
balanços de camelo.
Muito pobre, muito sujinho, de muito longe,
ainda do mundo dos anjos do Oriente:
enrolado em si mesmo,
pensativa crisálida
na confusão do bazar.

Santidade

O Santo passou por aqui.
Tudo ficou bom para sempre,
tal foi sua santidade.

Tudo sem temor.

Até os pássaros, sensíveis e inquietos,
aqui são calmos, comem à nossa mesa,
pousam nos nossos ombros,
e em sua memória não há noção do mal.

Os pássaros não se assustam, não temem,
porque entre os muros dos séculos
andam os passos e as palavras do Santo:
alma e ar do mundo,
som no instinto dos pássaros.

Os pássaros tentam mesmo pousar
nos ventiladores em movimento.
E caem despedaçados de confiança,
aos nossos pés,
os serenos pássaros ainda mornos.

O Santo passou por aqui
Sua sombra perdura além de qualquer morte.

Oh, entre os muros dos séculos
o ouvido do Santo percebe
a queda humilde
de qualquer vida.

O Santo continua a passar e a ficar para sempre:
podemos tomar nas mãos, pesar, medir,
a notícia da sua santidade,

num pequeno pássaro morto.

Canavial

Cinza.
Branco.
São as moles espadas de zinco
do canavial.

Pardo.
Cinza.
São as rodas dos carros cansados
do canavial.

Preto.
Pardo.
São as perninhas finas das crianças
no canavial.

Cinza.
Branco.
São as canas, as canas cortadas
no canavial.

Pardo.
Preto.
É o caminho que vamos pisando
no canavial.

Preto.
Cinza.
É a poeira do vento fugindo
do canavial.

Pardo.
Pardo.
São os moldes de açúcar já pronto
no canavial.

Branco.
Branco.
É a risada festiva das crianças
no canavial.

Os jumentinhos

Então, à tarde, vêm os jumentinhos
de movimentos um pouco alquebrados,
cinzentos, brancos – e carregados
com as grandes trouxas dos lavadeiros.

Jumentinhos menores que as trouxas
e que os meninos que os vão tangendo:
o pelo áspero, o olho redondo,
jumentinhos-anões, incansáveis,
no ofício que cumprem, dóceis, compreensivos,
por entre pedras, cabanas, ladeiras,
sem o suspiro e a queixa dos homens.

Ó terra pobre, humilde, pensativa,
com os aéreos, versáteis, celestes canteiros
vespertinos de flores de luz e de vento!

As mães contam histórias à sombra dos templos
para meninos tênues, fluidos como nuvens.
E no último reflexo dourado dos jarros
os rostos diurnos vão sendo apagados.

Onde vão descansar os amoráveis jumentinhos,
pequenos, cinzentos, um pouco alquebrados,
que olham para o chão, modestos e calmos,
já sem trouxas às costas, esperando o seu destino?

Como vão dormir estes jumentinhos mansos,
depois dos caminhos, no fim do trabalho?

Que vão sonhar agora estes jumentinhos cinzentos,
de imóveis pestanas brancas, discretos e sossegados,
quando a aldeia estiver quieta, ao clarão da lua,
como um rio sem margens, sem roupas, sem braços...?

Horizonte

A terra toda seca. Os rios – valas amarelas.
O pó que o vento levantava. O suor que caía do nosso rosto.
A solidão que abria os braços até o céu: memória e silêncio.
Muito longe o horizonte: uma faixa vermelha.
O sol baço de névoa e pó. O sol que os monges de Ajanta viram
quando lavraram seus mosteiros nestas rochas.
Sobre o horizonte ardente, o desenho das tamareiras,
a longa fila das tamareiras consolando o olhar do viajante
depois do deserto, do calor, do pó, da solidão.
Para que lábios serão seu doce fruto?
Sobre os duros trabalhos do mundo,
a paz, a misericórdia de eternos pensamentos.

Fala

"Já tivemos Gautama e Gandhi
e hoje temos Vinoba Bhave.
Não sei bem por onde se encontra:
mas está sempre em toda parte.

Diz aos ricos: 'Amai os pobres!'
Diz aos pobres: 'Amai os ricos!'
Pede um campo como quem pede
um grão de arroz para um faminto.
Sua sombra pelas estradas
é a sombra de um deus escondido.

Nós trataremos desta terra
tão velha, seca e abandonada:
os bois conversarão com ela
fábulas de semente e de água.
Tudo será verde e luzente:
mais grãos, mais leite, casas novas.
Em nossos dedos de esperança,
muito trabalho desabrocha.

Cantaremos com mais clareza,
dançaremos com outro brilho,
acendendo com luzes de hoje
o perfume de óleos antigos.

Quando os ricos amam os pobres,
quando os pobres amam os ricos
a roda do amor vai prendendo

o céu e a terra no seu giro:
os demônios desaparecem
e os homens são todos amigos.

Já tivemos Gautama e Gandhi
e hoje temos Vinoba Bhave.
Procurai-o (não sei por onde):
ele está sempre em toda parte."

Turquesa d'água

As imensas rochas cinzentas
fechavam aquela turquesa d'água
num broche de chumbo.

E vinha o vento pelas altas fragas,
pelos muros de pedra,
escarpas calcinadas,
o vento de Golconda,
com seus dedos de areia
que conheceram rubis e esmeraldas
e diamantes grandes como dálias.

E vinha o vento, a gemer,
inquieto e cego,
o vento aventureiro.

Sentava-se ali na cinza das pedras,
à beira do lago.

Era uma lágrima, aquela turquesa,
única,
redonda,
azul.

Lágrima do vento.

Música

Ia tão longe aquela música, Bhai!
E o luar brilhava. Mas por mais que o luar brilhasse,
não se sabia quem tocava e em que lugar.

Pelos degraus daquela música, Bhai,
podia-se ir além do mundo, além das formas,
e do arabesco das estrelas pelo céu.

Quem tocaria pela solidão, Bhai,
na clara noite – toda azul como o deus Krishna –
alheio a tudo, reclinado contra o mar!

Ia tão longe a tênue música, Bhai!
E era no entanto uma pequena melodia
tímida, triste, em dois ou três límpidos sons.

Tão frágil sopro em flauta rústica, Bhai!
– como o da vida em nossos lábios provisórios...
– amor? queixume, pensamento? – nomes no ar...

Ele tocava sem saber que ouvido, Bhai,
podia haver acompanhando esse momento
da sua rápida presença em frágil voz.

E ia tão longe aquela música, Bhai!
Com quem falava, entre a água e a noite? e que dizia?
(Da vida à morte, que dizemos, Bhai, e a quem?)

Estudantes

Derramam-se as estudantes pela praça,
num lampejo de sedas e braceletes;
cestas de flores,
tapete aberto,
caleidoscópio.

Saltam as tranças luzentes,
desenrolam-se os véus,
ofegam as blusas com cores de pedras preciosas.

O vento incha e enrodilha os vastos calções franzidos,
plasma nos corpos adolescentes panos tenuíssimos.
E o sol ofusca os negros olhos cingidos de colírio.

Grande festa na rua matinal,
sob árvores imensas,
entre tabuleiros de bétel
e grãos amarelos.

As estudantes falam com gestos delicados,
com atitudes de estátua,
enleadas em pulseiras,
e nas mãos, com ideogramas de dança,
levantam cadernos, esquadros,
num bailado novo:

e medem a vida
e descrevem o universo.

Que mundo construirão?

O elefante

O rugoso elefante pousa as patas cuidadoso nas pedras,
pedras do imenso caminho, sinuoso e íngreme,
entre as antigas muralhas e as altas frondes,
e vai subindo devagar para o palácio – fatigado patriarca.

O rugoso elefante tem apenas um velho manto amarelo,
manto amarelo esgarçado e pobre, que não se parece
com as coberturas soberbas, os brocados que outrora
envolveram seus ancestrais, portadores de palanquins.

O rugoso elefante é um grande mendigo, e atrás dele vão e vêm
as crianças tênues, de dentes claros, que agitam raminhos
e com voz de brincadeira vão dizendo aos viajantes:
"Bakhshish! Bakhshish! Bakhshish!"
para ganharem alguma pequena moeda negra.

Vão cantando assim. E seus dentes são mesmo pequenas pérolas,
e o elefante protege as crianças com sua sombra,
levanta-as na tromba, ri com os olhos, é um avô complacente,
que vai morrendo entre bondades, alegrias, pobreza, lembranças.

Zimbório

No meio do campo, longe,
o grande zimbório verde e azul vai desaparecer.
Parece um pavão morto.

Dizei-me que nele brilharam
como em penas cambiantes
as várias fases da lua,
carregadas de olhos humanos!

Dizei-me que houve presenças,
vozes fervorosas,
sonhos urgentes,
neste lugar tão longe,
em solitária data!

Mas agora tece o agreste silêncio
uma grade de espinhos cinzentos,
cada vez mais densa;
agulhas de pó, nevoeiro cego.

O grande zimbório vai adernando:
enorme, baça pérola azul e verde,
grande ovo triste de um pássaro mágico,
entre os ombros da areia fosca.

Até o horizonte, o mundo é um deserto redondo,
com o zimbório redondo
e um redondo silêncio.

Tudo vai sendo jamais.
Tudo é para sempre nunca.

Cego em Haiderabade

O cego vai sendo levado pelo menino.
O cego sorri, de olhos fechados, dentes nítidos:
como se visse o lago azul dentro das pedras,
e a mulher que passa, de seda vermelha
e adereço de prata.

Como se visse os bois de chifres dourados
que atravessam a rua, flacidamente.

O cego caminha para onde o menino o leva.
Há o Tchar Minar, a mesquita.
A cidade é igual às moedas de prata
que passam de mão em mão.

A mão do cego vai na mão do menino.
Suas barbas são do vento.
Seus olhos são do sonho.

Talvez esteja vendo o cavalo do Profeta
no meio do Paraíso.

(Valerão nossos olhos lúcidos
essa miragem de secreta delícia?)

Canção para Sarojíni

Passei por aqui.
Como já não podes ver o que estou vendo,
vejo por ti.

Sedas vermelhas para Sarojíni!

Tudo quanto amavas, tudo que cantavas
encontrei aqui,
ouro, prata, véus, marfim, bogari.

Colares de flores para Sarojíni!

Lembrei-me de versos que um dia escreveste
e que um dia li.
Lembrei-me de ti.

Cantai, pregoeiros, para Sarojíni!

Tudo é teu, aqui.
(Falo para aquele Rouxinol da Índia
que não conheci.)

Incensos, queimai-vos para Sarojíni!

Ao mundo que habitas, tão fora daqui,
vão minhas saudades, pássaros da ausência,
sonhando por ti.

Brilhai, luas de ouro, para Sarojíni!

Pedras

Eu vi as pedras nascerem,
do fundo chão descobertas.
Eram brancas, eram róseas,
– tênues, suaves pareciam,
mas não eram.

Eram pesadas e densas,
carregadas de destino,
para casas, para templos,
para escadas e colunas,
casas, plintos.

Dava a luz da aurora nelas,
inermes, caladas, claras
– matéria de que prodígios? –
ali nascidas e ainda
solitárias.

E ali ficavam expostas
ao mundo e às horas volúveis,
para, submissas e dóceis,
terem outra densidade:
como nuvens.

Aparecimento

A casa cheirava a especiarias
e o copeiro deslizava descalço,
levitava em silêncio,
– anjo da aurora entre paredes brancas.

Crepitava na mesa a manga verde
e a esbraseada pimenta.

O dono da casa era ao mesmo tempo
inatual como um rei antigo
e simples e próximo como um parente.

Sua mulher ainda usava um diamante na narina
e em sua cabeça pousavam muitas coroas
de histórias antigas e canções de amor.

E havia a moça, pássaro, princesa,
com uma diáfana voz de sol e flores,
que apenas sussurrava.

Mas no dia seguinte
haveria talvez uma criança.
(Estava ali mesmo, naquele mundo de ouro e seda,
sob aquela diáfana voz de sol e flores.)

Ia nascer amanhã uma criança.

E a casa, no meio do campo,
estendia mil braços ternos e graves

para o céu, para o rio, para o vento,
para o país dos nascimentos,
à espera dessa criança
nua e pequenina,
que apareceria de olhos fechados,
com um breve grito:

já sua alma.

E subiam para Deus fios de incenso, azuis.

Cavalariças

Os cavalos do Marajá
são de seda bruna, são de seda branca,
e estendem o pescoço com imensa doçura,
e alongam olhos humanos e límpidos,
onde se vê numa luz dourada um mundo submerso.

Os olhos dos cavalos são como rios passando.

Os criados alisavam as crinas dos cavalos
como se fossem tranças de mulheres formosas.
Batiam nos seus flancos com certo ar de cumplicidade
de quem se vai precipitar numa aventura.

Os cavalos de estrela na testa baixavam as pálpebras,
e suas pestanas eram uns toldos franjados, tendas de sombra.

Mas sacudiam as crinas, arqueavam o peito,
fremiam, contidos, expressivos,

como se quisessem falar.

Parada

Veremos os jardins perfeitos
e as plantas esmaltadas.

As mulheres ostentarão cascatas de joias,
vestidas das mais finas sedas,
deixando voar daqui para ali
as andorinhas negras e brancas de seus olhos.

Veremos mil crianças delicadas,
leves como a haste do arroz,
contemplando os elefantes enormes,
os canhões, as viaturas,
esses brinquedos cinzentos,
e os bailarinos cintilantes,
com suas molas rítmicas.

Veremos os velhos com um sorriso de milênios,
embrulhados em sabedoria,
deixando passar o rio da vida,
entre as margens da memória.

E homens altivos,
nitidamente limpos,
frescos do banho matinal,
estarão postados no pórtico de nácar do dia,
como estátuas atentas.

Veremos os homens altivos,
serenos e graves,

com um sangue sem violência
e um coração de liberdade,
olhando a sucessão das cenas,
a história do povo,
o festival da Pátria.

E rodam os carros, e soam as músicas,
e a vida tem dimensões novas, acima da morte.

E uma leve brisa muito alegre
desfaz e refaz sobre os corpos de basalto
as pregas brancas dos panos diáfanos.

Manhã

Há o sol que chegou cedo à montanha ventosa
e a alva roupa translúcida que os lavadeiros abrem no ar.

Há o som de suas conversas, matinal, risonho, límpido.

Há a crespa voz das águas com mil anéis para mil dedos.

Há a minha vida sob cortinados,
e a sensação da fresca manhã lá fora.

Há minha alma cheia de amor, num mundo que não me pertence.

Há uma saudade secular de infâncias, ternura, humanidade.

Há um desejo de aqui ficar para sempre, sob os cortinados de tule,
vendo o mosquito escrever seu zumbido com finos traços,
ouvindo lá fora os lavadeiros, com suas cordas, suas histórias,
sentindo o vento levantar para o céu nuvens de roupas...

Unidade, alegria, festa, inocência do mundo.

Manhã clara.
Vozes alegres.
Vento dançarino.

E uma lágrima no meu coração
triste e feliz.

Tecelagem de Aurangabade

Entre os meninos tão nus
e as – tão pobres! – paredes
prossegue, prossegue
um rio de seda.

Velhos dedos magros,
magros dedos negros
afogam e salvam
flores pela seda.

Os lírios são roxos,
os lírios são verdes,
entre as margens pobres
na água lisa da seda.

E os meninos nuzinhos
passam na transparência
do claro rio de flores,
mas evadidos da seda.

Do outro lado da trama,
seus olhos apenas deixam
orvalhos entre as flores,
areias de luz na seda.

Tão finos, os fios da água!
Lírios roxos e verdes.
E (fora) os meninozinhos
nus (por dentro da seda).

Romãs

Não deixaremos o jardim morrer de sede.
Mali asperge com um pouco d'água as plantas.
Como quem rega? Como quem reza.

Cada vaso recebe cinco ou seis gotas d'água
e mais o amor de Mali, um amor moreno, sério,
de turbante branco.

Não deixaremos o jardim morrer de sede.
Tudo já está calcinado. Pedra, cinza, areia.
Mali sacode a água dos dedos:
sementes de vidro ao sol.

As plantas são magras como donzelas
e assim gentis.

E duas pequenas romãs amadurecem,
rosa e marfim,
num casto vestido de folhas foscas.

Ganges

Eis o Ganges que vem de longe para servir aos homens.

Eis o Ganges que se despede de suas montanhas,
da neve, das florestas, do seu reino milenar.

Eis o Ganges que caminha pelas vastas solidões,
com suas transparentes vestimentas entreabertas,
pisando a areia e a pedra.
Seu claro corpo desliza entre céus e árvores,
de mãos dadas com o vento,
pisando a noite e o dia.

Eis o Ganges que diz adeus à terra,
que saúda os verdes jardins e os negros pântanos,
que recolhe as cinzas dos mortos em seu regaço d'água:

Eis o Ganges que entra respeitoso no pátio de cristal do mar.

Eis o Ganges que sobe as escadas do céu.
Que entrega a Deus a alma dos homens.
Que torna a descer, no seu serviço eterno,
submisso, diligente e puro.

Eis o Ganges. Imenso. Venerável. Patriarcal.

Deusa

Todos queremos ver a Deusa.

Venceremos o exaustivo perfume,
a multidão sofredora,
o êxtase de enfermos e devotos,
perdidos, envolvidos,
embebidos neste calor, neste mormaço,
entre abafados colares de flores inebriantes.

Arde a areia em nossos pés
e o suor desce em franjas pelo nosso rosto.

Entraremos na Mitologia.
Queremos ver a Deusa.
Entre sol e fumaça,
queremos ver Aquela que reina entre os paludes,
a do tenebroso cólera,
a das alastrantes febres.

E ela brilha entre chamas lanceoladas,
com dentes triangulares que ameaçam o mundo.
Balançam-se danças extenuantes, em redor.
Flácidas, pesadas.

Ela resplandece em lugar inviolável,
entre enormes chamas também triangulares:
altos dentes de fogo.

Queremos ver a Deusa.

Estamos todos comprimidos, ofegantes, promíscuos,
de sinal vermelho na testa,
erguidos nas pontas dos pés.

Todos seremos destruídos por ti,
Deusa!
Somos todos irmãos. Em ti, afinal, irmãos!

Somos agora tristes, dóceis, filiais,
deixando-nos devorar por tua fome,
ó Deusa! ó Morte!

Mas pairamos com asas inolvidáveis
acima de tuas chamas.

Cançãozinha para Tagore

Àquele lado do tempo
onde abre a rosa da aurora,
chegaremos de mãos dadas,
cantando canções de roda
com palavras encantadas.
Para além de hoje e de outrora,
veremos os Reis ocultos,
senhores da Vida toda,
em cuja etérea Cidade
fomos lágrima e saudade
por seus nomes e seus vultos.

Àquele lado do tempo
onde abre a rosa da aurora,
e onde mais do que a ventura
a dor é perfeita e pura,
chegaremos de mãos dadas.

Chegaremos de mãos dadas,
Tagore, ao divino mundo
em que o amor eterno mora
e onde a alma é o sonho profundo
da rosa dentro da aurora.

Chegaremos de mãos dadas
cantando canções de roda.
E então nossa vida toda
será das coisas amadas.

Ventania

Aqui a ventania não dorme,
com suas mãos crepitantes,
seus guizos,
seus adereços de campainhas eólias.
Dia e noite vagueia pelos parques e pelas ruas,
a ventania.

Sacode as alvas roupas que os lavadeiros estendem,
inclina as flores,
levanta as folhas secas,
alisa a poeira amarela,
açula gatos e cães,
revolve os cabelos dos homens,
incha os imensos véus das mulheres de olhos vítreos,
apalpa as areias, as pedras, as sementes caídas,
espia dentro dos ninhos, brune os pequenos ovos,
tufa a penugem dos pássaros,
balança as plantas,
entontece as árvores:
a ventania.

A ventania aqui não se cala.
Mais do que a voz das aves e das águas,
é a sua que se eleva,
rumorejante,
sussurrante,
crepitante,
queixosa,
risonha,
desmesurada.

Que diz às nuvens?
Fala da seda que viu nos teares, harpa luminosa?
Que conta aos jardins?
As flores de ouro e prata e pedra e marfim que encontrou de passagem?
Que conta à noite?
As pequenas estrelas na testa das mulheres
e as negras luas de seus plácidos olhos?
Oh, a ventania!

O dia inteiro, a noite inteira, a ventania fala.
De neves, de golfos, de lótus, de búfalos,
de túmulos, de bazares,
de palácios, mendigos, chamas, cavalos, rios, voos.
Fala nas ruas,
nos quintais,
nos jardins,
nos pátios,
a ventania.

A ventania bate à nossa porta, à nossa janela, e quer entrar,
esta viajante cansada,
a ventania.

A ventania é uma aia com suas trouxas de histórias.
Conta histórias, inventa histórias, baralha histórias.
Nomes, lugares, pessoas, datas,
tudo vai sendo debulhado em lantejoulas.

A ventania é uma aia a bordar os sonhos e as conversas:
dedais de ar, fios de ar, agulhas de ar no ar, nos ares,
pontos de ouro e prata nas sedas da memória.
A ventania.

Golconda

Meu peito é mesmo Golconda:
pássaros estão colhendo
esmeraldas e diamantes
e há caçadores de ronda.

Tumbas de reis e rainhas
vão-se afundando em silêncio
no invencível pó do tempo
dono das saudades minhas.

Cada diamante guardado
é para ladrões inquietos
que partilham as centelhas
do íntegro sol cobiçado.

Ai, que meu peito é Golconda,
com raízes de esmeralda,
com cataratas de luzes
e os assaltantes de ronda.

Cristalino parapeito
da morte! Sombras do mundo,
mãos do roubo, falsos olhos,
passai. – Golconda é o meu peito.

Desenho colorido

Brancas eram as tuas sandálias, Bhai,
brancos os teus vestidos,
e o teu vasto xale de pachemina.

Negros eram os teus olhos, Bhai,
absoluta noite sem estrelas,
noturníssima escuridão
fora do mundo.

Vermelha, a rosa que trazias,
que oferecias juntamente com a aurora,
como recém-cortada do céu.

Em branco, negro e vermelho fica a tua imagem,
Bhai.
Fica o desenho da tua cortesia,
sentido de um mundo antigo
sobrevivendo a todos os desastres:

e a rosa, como tu,
vinha de olhos semicerrados.

Jaipur

Adeus, Jaipur,
adeus, casas cor-de-rosa com ramos brancos,
pórticos, peixes azuis nos arcos de entrada.

Adeus, elefante de língua rósea,
vetusto irmão,
comedor de açúcar,
ancião paciente.

Adeus, Jaipur e espelhos de Amber Palace,
jardins extintos, grades redondas,
mortos olhos que espiavam por essas rendas de mármore.

Adeus, cortejos dourados, música de casamentos,
festa bailada e cintilante das ruas, e trinados de flauta.

Adeus, sacerdote de candeia fumosa,
tantas luzes por tantos bicos,
e os gongos e os sinos e a porta de prata
e a Deusa antiga,
e a existência fora do tempo.

Adeus, pinturas, corredores, mirantes,
muralhas, escadas de castelo, mendigos lá embaixo,
criancinhas que pedem esmola como quem canta.

Adeus, Jaipur.
Adeus, letras do observatório,
pulseiras de prata das mulheres que vendem tangerinas
pelo crepúsculo.

Adeus, fogareiros de almôndegas,
adeus, tarde morna de erva-doce, canela e rosa,
cravo, pistache, açafrão.

Adeus, cores.
Adeus, Jaipur, sandálias, véus,
macio vento de marfim.

Adeus, astrólogo.
Muitos adeuses sobre o Palácio do Vento.
(Onde eu devia morar!)
Sobre o Palácio do Vento meus adeuses: pombos esvoaçantes.
Meus adeuses: rouxinóis cantores.
Meus adeuses: nuvens desenroladas.
Meus adeuses: luas, sóis, estrelas, cometas mirando-te.
Mirando-te e partindo,
Jaipur, Jaipur.

Página

Entre mil jorros de arco-íris e entrelaçados arroios,
entre mil flóreos turbantes e faixas vermelhas
e rendas de jaspe e chispas de pássaros
e coleções de flores nunca vistas,
– um sorriso brilha,
um gesto para desenhado
e uma palavra se imprime.

É uma figura, apenas,
na riqueza prolixa
da imensa tarde oriental.

Entre arabescos de mil voltas,
um verso antigo.

Uma palavra imortal, sozinha.

E o resto, a farfalhante floresta
da intricada moldura.

Loja do astrólogo

Era astrólogo ou simples poeta?
Era o vidente do ar.
Tinha uma loja azul-cobalto,
claro céu dentro do bazar.
Teto e paredes só de estrelas:
e a lua no melhor lugar.

Sentado estava e tão sozinho
como ninguém mais quer estar.
Conversava com o céu fictício
que em redor fizera pintar.
Que respostas receberiam
as perguntas do seu olhar?

(Dentro da tarde inesquecível,
houve o céu azul num bazar,
perto da alvura da mesquita,
na fresquidão do Tchar Minar.
Viu-se um homem de além do mundo:
era o vidente do ar!)

Família hindu

Os sáris de seda reluzem
como curvos pavões altivos.
Nas narinas fulgem diamantes
em suaves perfis aquilinos.
Há longas tranças muito negras
e luar e lótus entre os cílios.
Há pimenta, erva-doce e cravo,
crepitando em cada sorriso.

Os dedos bordam movimentos
delicados e pensativos,
como os cisnes em cima da água
e, entre as flores, os passarinhos.
E quando alguém fala é tão doce
como o claro cantar dos rios,
numa sombra de cinamomo,
açafrão, sândalo e colírio.

(Mas quase não se fala nada,
porque falar não é preciso.)

Tudo está coberto de aroma.
Em cada gesto existe um rito.

A alma condescende em ser corpo,
abandonar seu paraíso.
Deus consente que os homens venham
a esta intimidade de amigos,
somente por mostrar que se amam,
que estão no mundo, que estão vivos.

Depois, a música se apaga,
diz-se adeus com lábios tranquilos,
deixa-se a luz, o aroma, a sala,
com os serenos perfis divinos,
sobe-se ao carro dos regressos,
na noite, de negros caminhos...

Canto aos bordadores de Cachemir

Finos dedos ágeis,
como beija-flores,
voais sobre as sedas,
sobre as lãs macias,
com finas agulhas,
      ó bordadores,
semeais primaveras,
recolheis primores.

Os jardins do mundo
aos vossos bordados
não são superiores,
      ó bordadores,
e voais, finos dedos,
para longe, sempre,
para novas sedas,
como beija-flores,
com o bico luzente
de finas agulhas,
      ó bordadores,
atirando fios,
os fios do arco-íris,
recolhendo cores,
desenhando pontos,
inventando flores
que não morrem nunca,
      ó bordadores,
de sol nem de chuva
nem de outros rigores.

Mulheres de Puri

Quando as estradas ficarem prontas,
mulheres de Puri,
alguém se lembrará de vossos vultos azuis
entre os templos e o mar.

Alguém se lembrará de vosso corpo agachado,
deusas negras de castos peitos nus,
de vossas delgadas mãos a amontoarem pedras
para a construção dos caminhos.

Quando as estradas ficarem prontas,
mulheres de Puri,
alguém se lembrará que está passeando sobre a sombra
de vossos calmos vultos azuis e negros.

Alguém se lembrará de vossos pés diligentes,
com pulseiras de prata clara.
Alguém amará, por vossa causa, o chão de pedra.

E vossos netos falarão de vós,
mulheres de Puri,
como de ídolos complacentes,
benfeitores e anônimos,

e entre os ídolos ficareis, inacreditáveis,
mudas, negras e azuis.

Tempestade

Suspiraram as rosas
e surpreendidas e assustadas
esconderam-se nos seus veludos.

Não eram borboletas!
Nem rouxinóis!
Não eram pavões que passavam pelo jardim.

De um céu ruidoso
caíam essas grandes asas luminosas e inquietas.
Relâmpagos azuis voavam entre os canteiros,
retalhando os lagos.

Tremiam veludos e sedas,
e o pólen delicado,
na noite violenta,
alta demais,
despedaçada,
despedaçante.

Ah, como era impossível
suster a forma das rosas!

Taj-Mahal

Somos todos fantasmas
evaporados entre água e frondes,
com o luar e o zumbido do silêncio,
a música dos insetos,
gaze tensa na solidão.

De vez em quando, uma borbulha d'água:
pérola desabrochada,
súbito jasmim de cristal aos nossos pés.

Fantasmas de magnólias, as cúpulas brancas,
orvalhadas de estrelas, na friagem noturna.

Tudo como através de lágrimas,
com as bordas franjadas de antiguidade,
de indecisos limites,
e um vago aroma vegetal, logo esquecido.

Tudo celeste, inumano, intocável,
subtraindo-se ao olhar, às mãos:
fuga das rendas de alabastro e dos jardins minerais,
com lírios de turquesa e calcedônia
pelas paredes;
fuga das escadas pelos subterrâneos.
E os pés naufragando em sombra.

Eis o sono da rainha adorada:
longo sono sob mil arcos, de eco em eco.
(Fuga das vozes, livres de lábios, independentes,
continuando-se...)

Vêm morrer castamente os bogaris sobre os túmulos.

Movem-se apenas sedas, xales de lã,
alvuras: como sem corpo nenhum.

Tudo mais está imóvel, estático:
mesmo o rio, essa vencida espada d'água:
mesmo o lago, esse rosto dormente.

Entre a morte e a eternidade, o amor,
essa memória para sempre.

Foi uma borbulha d'água que ouvimos?
Uma flor que desabrochou?
Uma lágrima na sombra da noite,
em algum lugar?

Cançãozinha de Haiderabade

Haiderabade:
anel de prata
com a só turquesa
da água parada.
Aro de cinza
e azul represa
aprisionada.

Lua, princesa
do céu, velada,
do arco das nuvens,
mira esta tarde
abandonada!

Haiderabade,
cinza de pedra,
cinza de prata,
círculo, névoa,
turquesa d'água.

Mais nada.

Anoitecer

Ao longo do bazar brilham pequenas luzes.
A roda do último carro faz a sua última volta.
Os búfalos entram pela sombra da noite,
onde se dispersam.
As crianças fecham os olhos sedosos.
As cabanas são como pessoas muito antigas,
sentadas, pensando.

Uma pequena música toca no fim do mundo.

Uma pequena lua desenha-se no alto céu.

Uma pequena brisa cálida
flutua sobre a árvore da aldeia
como o sonho de um pássaro.

Oh, eu queria ficar aqui,
pequenina.

Marinha

O barco é negro sobre o azul.

Sobre o azul, os peixes são negros.

Desenham malhas negras as redes, sobre o azul.

Sobre o azul, os peixes são negros.

Negras são as vozes dos pescadores,
atirando-se palavras no azul.

É o último azul do mar e do céu.

A noite já vem, dos lados de Burma,
toda negra,
molhada de azul:

– a noite que chega também do mar.

Adeuses

Dia de cristal
cercado de vultos brancos:
pés descalços,
finas barbas,
longas vestimentas pregueadas.

Mulheres com olhos de deusas
transbordando um majestoso silêncio.

Luz em copos azuis.
Lábios em oração.
Mãos postas.

Dia de cristal,
claro,
dourado,
eólio.

Foi muito longe,
num palácio de inúmeras varandas,
com árvores cheias de flores pela colina.

O vento subia dos jardins para as salas
com a fluidez de um visitante jovial.

E com que leveza dançava,
abraçado às cortinas, às sedas,
aos véus, à luz!...

Sabíamos que os encontros jamais se repetem,
nem a emoção do alto amor.

Éramos todos de cristal e vento,
de cristal ao vento.

E andavam nuvens de saudade por cima dos jardins.

Tão grande, o mundo!
Tão curta, a vida!
Os países tão distantes!

E alma.
E adeuses.

Praia do fim do mundo

Neste lugar só de areia,
já não terra, ainda não mar,
poderíamos cantar.

Ó noite, solidão, bruma,
país de estrelas sem voz,
que cantaremos nós?

As sombras nossas na praia
podem ser noite e ser mar,
pelo ar e pela água andar.

Mas o canto, mas o sonho,
de que modo encontrarão
o que não é vão?

Cantemos, porém, amigos,
neste impossível lugar
que não é terra nem mar:

na praia do fim do mundo
que não guardará de nós
sombra nem voz.

Cronologia

1901

A 7 de novembro, nasce Cecília Benevides de Carvalho Meirelles, no Rio de Janeiro. Seus pais, Carlos Alberto de Carvalho Meirelles (falecido três meses antes do nascimento da filha) e Mathilde Benevides. Dos quatro filhos do casal, apenas Cecília sobrevive.

1904

Com a morte da mãe, passa a ser criada pela avó materna, Jacintha Garcia Benevides.

1910

Conclui com distinção o curso primário na Escola Estácio de Sá.

1912

Conclui com distinção o curso médio na Escola Estácio de Sá, premiada com medalha de ouro recebida no ano seguinte das mãos de Olavo Bilac, então inspetor escolar do Distrito Federal.

1917

Formada pela Escola Normal (Instituto de Educação), começa a exercer o magistério primário em escolas oficiais do Distrito. Estuda línguas e em seguida ingressa no Conservatório de Música.

1919

Publica o primeiro livro, *Espectros*.

1922

Casa-se com o artista plástico português Fernando Correia Dias.

1923

Publica *Nunca mais... e Poema dos poemas*. Nasce sua filha Maria Elvira.

1924

Publica o livro didático *Criança meu amor...*. Nasce sua filha Maria Mathilde.

1925

Publica *Baladas para El-Rei*. Nasce sua filha Maria Fernanda.

1927

Aproxima-se do grupo modernista que se congrega em torno da revista *Festa*.

1929

Publica a tese *O espírito vitorioso*. Começa a escrever crônicas para *O Jornal*, do Rio de Janeiro.

1930

Publica o ensaio *Saudação à menina de Portugal*. Participa ativamente do movimento de reformas do ensino e dirige, no *Diário de Notícias*, página diária dedicada a assuntos de educação (até 1933).

1934

Publica o livro *Leituras infantis*, resultado de uma pesquisa pedagógica. Cria uma biblioteca (pioneira no país) especializada em literatura infantil, no antigo Pavilhão Mourisco, na praia de Botafogo. Viaja a Portugal, onde faz conferências nas Universidades de Lisboa e Coimbra.

1935

Publica em Portugal os ensaios *Notícia da poesia brasileira* e *Batuque, samba e macumba*.
Morre Fernando Correia Dias.

1936

Trabalha no Departamento de Imprensa e Propaganda, onde dirige a revista *Travel in Brazil*. Nomeada professora de literatura luso-brasileira e mais tarde técnica e crítica literária da recém-criada Universidade do Distrito Federal, na qual permanece até 1938.

1937

Publica o livro infantojuvenil *A festa das letras*, em parceria com Josué de Castro.

1938

Publica o livro didático *Rute e Alberto resolveram ser turistas*. Conquista o prêmio Olavo Bilac de poesia da Academia Brasileira de Letras com o inédito *Viagem*.

1939

Em Lisboa, publica *Viagem*, quando adota o sobrenome literário Meireles, sem o *l* dobrado.

1940

Leciona Literatura e Cultura Brasileiras na Universidade do Texas, Estados Unidos. Profere no México conferências sobre literatura, folclore e educação.
Casa-se com o agrônomo Heitor Vinicius da Silveira Grillo.

1941

Começa a escrever crônicas para *A Manhã*, do Rio de Janeiro.

1942

Publica *Vaga música*.

1944

Publica a antologia *Poetas novos de Portugal*. Viaja para o Uruguai e a Argentina. Começa a escrever crônicas para a *Folha Carioca* e o *Correio Paulistano*.

1945

Publica *Mar absoluto e outros poemas* e, em Boston, o livro didático *Rute e Alberto*.

1947

Publica em Montevidéu *Antologia poética (1923-1945)*.

1948

Publica em Portugal *Evocação lírica de Lisboa*. Passa a colaborar com a Comissão Nacional do Folclore.

1949

Publica *Retrato natural* e a biografia *Rui: pequena história de uma grande vida*. Começa a escrever crônicas para a *Folha da Manhã*, de São Paulo.

1951

Publica *Amor em Leonoreta*, em edição fora de comércio, e o livro de ensaios *Problemas da literatura infantil*.
Secretaria o Primeiro Congresso Nacional de Folclore.

1952

Publica *Doze noturnos da Holanda* & *O Aeronauta* e o ensaio "Artes populares" no volume em coautoria *As artes plásticas no Brasil*. Recebe o Grau de Oficial da Ordem do Mérito, no Chile.

1953

Publica *Romanceiro da Inconfidência* e, em Haia, *Poèmes*. Começa a escrever para o suplemento literário do *Diário de Notícias*, do Rio de Janeiro, e para *O Estado de S. Paulo*.

1953-1954

Viaja para a Europa, Açores, Goa e Índia, onde recebe o título de Doutora *Honoris Causa* da Universidade de Delhi.

1955

Publica *Pequeno oratório de Santa Clara, Pistoia, cemitério militar brasileiro* e *Espelho cego*, em edições fora de comércio, e, em Portugal, o ensaio *Panorama folclórico dos Açores: especialmente da Ilha de S. Miguel*.

1956

Publica *Canções* e *Giroflê, giroflá*.

1957

Publica *Romance de Santa Cecília* e *A rosa*, em edições fora de comércio, e o ensaio *A Bíblia na poesia brasileira*. Viaja para Porto Rico.

1958

Publica *Obra poética* (poesia completa). Viaja para Israel, Grécia e Itália.

1959

Publica *Eternidade de Israel*.

1960

Publica *Metal rosicler*.

1961

Publica *Poemas escritos na Índia* e, em Nova Delhi, *Tagore and Brazil*.
Começa a escrever crônicas para o programa *Quadrante*, da Rádio Ministério da Educação e Cultura.

1962

Publica a antologia *Poesia de Israel*.

1963

Publica *Solombra* e *Antologia poética*. Começa a escrever crônicas para o programa *Vozes da cidade*, da Rádio Roquette Pinto, e para a *Folha de S.Paulo*.

1964

Publica o livro infantojuvenil *Ou isto ou aquilo*, com ilustrações de Maria Bonomi, e o livro de crônicas *Escolha o seu sonho*.
Falece a 9 de novembro, no Rio de Janeiro.

1965

Conquista, postumamente, o Prêmio Machado de Assis da Academia Brasileira de Letras, pelo conjunto de sua obra.

Bibliografia básica sobre Cecília Meireles

ANDRADE, Mário de. Cecília e a poesia. In: _____. *O empalhador de passarinho*. São Paulo: Martins, [1946].

_____. Viagem. In: _____. *O empalhador de passarinho*. São Paulo: Martins, [1946].

AZEVEDO FILHO, Leodegário A. de (Org.). Cecília Meireles. In: _____ (Org.). *Poetas do modernismo*: antologia crítica. Brasília: Instituto Nacional do Livro, 1972. v. 4.

_____. *Poesia e estilo de Cecília Meireles*: a pastora de nuvens. Rio de Janeiro: José Olympio, 1970.

_____. *Três poetas de Festa*: Tasso, Murillo e Cecília. Rio de Janeiro: Padrão, 1980.

BANDEIRA, Manuel. *Apresentação da poesia brasileira*. São Paulo: Cosac Naify, 2009.

BERABA, Ana Luiza. *América aracnídea*: teias culturais interamericanas. Rio de Janeiro: Civilização Brasileira, 2008.

BLOCH, Pedro. Cecília Meireles. *Entrevista*: vida, pensamento e obra de grandes vultos da cultura brasileira. Rio de Janeiro: Bloch, 1989.

BONAPACE, Adolphina Portella. *O Romanceiro da Inconfidência*: meditação sobre o destino do homem. Rio de Janeiro: Livraria São José, 1974.

BOSI, Alfredo. Em torno da poesia de Cecília Meireles. In: _____. *Céu, inferno:* ensaios de crítica literária e ideológica. São Paulo: Duas Cidades/Editora 34, 2003.

BRITO, Mário da Silva. Cecília Meireles. In: _____. *Poesia do Modernismo*. Rio de Janeiro: Civilização Brasileira, 1968.

CACCESE, Neusa Pinsard. *Festa:* contribuição para o estudo do Modernismo. São Paulo: Instituto de Estudos Brasileiros, 1971.

CANDIDO, Antonio; CASTELLO, José Aderaldo (Orgs.). Cecília Meireles. *Presença da literatura brasileira 3:* Modernismo. 2. ed. São Paulo: Difusão Europeia do Livro, 1967.

CARPEAUX, Otto Maria. Poesia intemporal. In: _____. *Ensaios reunidos:* 1942-1978. Rio de Janeiro: UniverCidade/Topbooks, 1999.

CASTELLO, José Aderaldo. O Grupo Festa. In: _____. *A literatura brasileira:* origens e unidade. São Paulo: EDUSP, 1999. v. 2.

CASTRO, Marcos de. Bandeira, Drummond, Cecília, os contemporâneos. In: _____. *Caminho para a leitura*. Rio de Janeiro: Record, 2005.

CAVALIERI, Ruth Villela. *Cecília Meireles:* o ser e o tempo na imagem refletida. Rio de Janeiro: Achiamé, 1984.

COELHO, Nelly Novaes. Cecília Meireles. In: _____. *Dicionário crítico da literatura infantil e juvenil brasileira*. São Paulo: Nacional, 2006.

_____. Cecília Meireles. In: _____. *Dicionário crítico de escritoras brasileiras:* 1711-2001. São Paulo: Escrituras, 2002.

_____. O "eterno instante" na poesia de Cecília Meireles. In: _____. *Tempo, solidão e morte.* São Paulo: Conselho Estadual de Cultura/Comissão e Literatura, 1964.

_____. O eterno instante na poesia de Cecília Meireles. In: _____. *A literatura feminina no Brasil contemporâneo.* São Paulo: Siciliano, 1993.

CORREIA, Roberto Alvim. Cecília Meireles. In: _____. *Anteu e a crítica:* ensaios literários. Rio de Janeiro: José Olympio, 1948.

DAMASCENO, Darcy. *Cecília Meireles:* o mundo contemplado. Rio de Janeiro: Orfeu, 1967.

_____. *De Gregório a Cecília.* Organização de Antonio Carlos Secchin e Iracilda Damasceno. Rio de Janeiro: Galo Branco, 2007.

DANTAS, José Maria de Souza. *A consciência poética de uma viagem sem fim:* a poética de Cecília Meireles. Rio de Janeiro: Eu & Você, 1984.

FAUSTINO, Mário. O livro por dentro. In: _____. *De Anchieta aos concretos.* Organização de Maria Eugênia Boaventura. São Paulo: Companhia das Letras, 2003.

FONTELES, Graça Roriz. *Cecília Meireles:* lirismo e religiosidade. São Paulo: Scortecci, 2010.

GARCIA, Othon M. Exercício de numerologia poética: paridade numérica e geometria do sonho em um poema de Cecília Meireles. In: _____. *Esfinge clara e outros enigmas:* ensaios estilísticos. 2. ed. Rio de Janeiro: Topbooks, 1996.

GENS, Rosa (Org.). *Cecília Meireles:* o desenho da vida. Rio de Janeiro: Setor Cultural/Núcleo Interdisciplinar de Estudos da Mulher na Literatura/UFRJ, 2002.

GOLDSTEIN, Norma Seltzer. *Roteiro de leitura: Romanceiro da Inconfidência* de Cecília Meireles. São Paulo: Ática, 1988.

GOUVÊA, Leila V. B. *Cecília em Portugal:* ensaio biográfico sobre a presença de Cecília Meireles na terra de Camões, Antero e Pessoa. São Paulo: Iluminuras, 2001.

_____ (Org.). *Ensaios sobre Cecília Meireles.* São Paulo: Humanitas/FAPESP, 2007.

_____. *Pensamento e "lirismo puro" na poesia de Cecília Meireles.* São Paulo: EDUSP, 2008.

GOUVEIA, Margarida Maia. *Cecília Meireles:* uma poética do "eterno instante". Lisboa: Imprensa Nacional/Casa da Moeda, 2002.

_____. *Vitorino Nemésio e Cecília Meireles:* a ilha ancestral. Porto: Fundação Engenheiro António de Almeida; Ponta Delgada: Casa dos Açores do Norte, 2001.

HANSEN, João Adolfo. Solombra *ou A sombra que cai sobre o eu.* São Paulo: Hedra, 2005.

LAMEGO, Valéria. *A farpa na lira:* Cecília Meireles na Revolução de 30. Rio de Janeiro: Record, 1996.

LINHARES, Temístocles. Revisão de Cecília Meireles. In: _____. *Diálogos sobre a poesia brasileira.* São Paulo: Melhoramentos, 1976.

LÔBO, Yolanda. *Cecília Meireles.* Recife: Massangana/Fundação Joaquim Nabuco, 2010.

MALEVAL, Maria do Amparo Tavares. Cecília Meireles. In: _____. *Poesia medieval no Brasil.* Rio de Janeiro: Ágora da Ilha, 2002.

MANNA, Lúcia Helena Sgaraglia. *Pelas trilhas do* Romanceiro da Inconfidência. Niterói: EDUFF, 1985.

MARTINS, Wilson. Lutas literárias (?). In: _____. *O ano literário:* 2002-2003. Rio de Janeiro: Topbooks, 2007.

MELLO, Ana Maria Lisboa de (Org.). *A poesia metafísica no Brasil:* percursos e modulações. Porto Alegre: Libretos, 2009.

_____ (Org.). *Cecília Meireles & Murilo Mendes (1901-2001).* Porto Alegre: Uniprom, 2002.

_____; UTÉZA, Francis. *Oriente e ocidente na poesia de Cecília Meireles.* Porto Alegre: Libretos, 2006.

MILLIET, Sérgio. *Panorama da moderna poesia brasileira.* Rio de Janeiro: Ministério da Educação e Saúde/Serviço de Documentação, 1952.

MOISÉS, Massaud. Cecília Meireles. In: _____. *História da literatura brasileira:* Modernismo. São Paulo: Cultrix, 1989.

MONTEIRO, Adolfo Casais. Cecília Meireles. In: _____. *Figuras e problemas da literatura brasileira contemporânea.* São Paulo: Instituto de Estudos Brasileiros, 1972.

MORAES, Vinicius de. Suave amiga. In: _____. *Para uma menina com uma flor.* Rio de Janeiro: Editora do Autor, 1966.

MOREIRA, Maria Edinara Leão. *Estética e transcendência em O estudante empírico, de Cecília Meireles.* Passo Fundo: Editora da Universidade de Passo Fundo, 2007.

MURICY, Andrade. Cecília Meireles. In: _____. *A nova literatura brasileira:* crítica e antologia. Porto Alegre: Globo, 1936.

_____. Cecília Meireles. In: _____. *Panorama do movimento simbolista brasileiro.* 2. ed. Brasília: Conselho Federal de Cultura/ Instituto Nacional do Livro, 1973. v. 2.

NEJAR, Carlos. Cecília Meireles: da fidência à Inconfidência Mineira, do *Metal rosicler* à *Solombra*. In: _____. *História da literatura brasileira:* da carta de Caminha aos contemporâneos. São Paulo: Leya, 2011.

NEMÉSIO, Vitorino. A poesia de Cecília Meireles. In: _____. *Conhecimento de poesia.* Salvador: Progresso, 1958.

NEVES, Margarida de Souza; LÔBO, Yolanda Lima; MIGNOT, Ana Chrystina Venancio (Orgs.). *Cecília Meireles:* a poética da educação. Rio de Janeiro: Pontifícia Universidade Católica; São Paulo: Loyola, 2001.

OLIVEIRA, Ana Maria Domingues de. *Estudo crítico da bibliografia sobre Cecília Meireles*. São Paulo: Humanitas/USP, 2001.

PAES, José Paulo. Poesia nas alturas. In: _____. *Os perigos da poesia e outros ensaios*. Rio de Janeiro: Topbooks, 1997.

PARAENSE, Sílvia. *Cecília Meireles*: mito e poesia. Santa Maria: UFSM, 1999.

PEREZ, Renard. Cecília Meireles. In: _____. *Escritores brasileiros contemporâneos – 2ª série*: 22 biografias, seguidas de antologia. 2. ed. revista e atualizada. Rio de Janeiro: Civilização Brasileira, 1971.

PICCHIO, Luciana Stegagno. A poesia atemporal de Cecília Meireles, "pastora das nuvens". In: _____. *História da literatura brasileira*. Rio de Janeiro: Nova Aguilar, 1997.

PÓLVORA, Hélio. Caminhos da poesia: Cecília. In: _____. *Graciliano, Machado, Drummond & outros*. Rio de Janeiro: Francisco Alves, 1975.

RAMOS, Péricles Eugênio da Silva. *Solombra*. In: _____. *Do Barroco ao Modernismo*: estudos de poesia brasileira. 2. ed. revista e aumentada. Rio de Janeiro: Livros Técnicos e Científicos, 1979.

RICARDO, Cassiano. *A Academia e a poesia moderna*. São Paulo: Revista dos Tribunais, 1939.

RÓNAI, Paulo. O conceito de beleza em *Mar absoluto*. In: _____. *Encontros com o Brasil*. 2. ed. Rio de Janeiro: Batel, 2009.

_____. Uma impressão sobre a poesia de Cecília Meireles. In: _____. *Encontros com o Brasil*. 2. ed. Rio de Janeiro: Batel, 2009.

SADLIER, Darlene J. *Cecília Meireles & João Alphonsus*. Brasília: André Quicé, 1984.

_____. *Imagery and Theme in the Poetry of Cecília Meireles:* a study of *Mar absoluto*. Madrid: José Porrúa Turanzas, 1983.

SECCHIN, Antonio Carlos. Cecília: a incessante canção. In: _____. *Escritos sobre poesia & alguma ficção*. Rio de Janeiro: EdUERJ, 2003.

_____. Cecília Meireles e os *Poemas escritos na Índia*. In: _____. *Memórias de um leitor de poesia & outros ensaios*. Rio de Janeiro: Topbooks/Academia Brasileira de Letras, 2010.

_____. O enigma Cecília Meireles. In: _____. *Memórias de um leitor de poesia & outros ensaios*. Rio de Janeiro: Topbooks/Academia Brasileira de Letras, 2010.

SIMÕES, João Gaspar. Cecília Meireles: *Metal rosicler*. In: _____. *Crítica II:* poetas contemporâneos (1946-1961). Lisboa: Delfos, s/d.

VERISSIMO, Erico. Entre Deus e os oprimidos. In: _____. *Breve história da literatura brasileira*. São Paulo: Globo, 1995.

VILLAÇA, Antonio Carlos. Cecília Meireles: a eternidade entre os dedos. In: _____. *Tema e voltas*. Rio de Janeiro: Hachette, 1975.

YUNES, Eliana; BINGEMER, Maria Clara L. (Orgs.). *Murilo, Cecília e Drummond:* 100 anos com Deus na poesia brasileira. Rio de Janeiro: Pontifícia Universidade Católica; São Paulo: Loyola, 2004.

ZAGURY, Eliane. *Cecília Meireles*. Petrópolis: Vozes, 1973.

Índice de primeiros versos

A casa cheirava a especiarias 93
A estrada – pó de açafrão que o vento desmancha..................... 43
A terra toda seca. Os rios – valas amarelas................................... 73
Adeus, Jaipur,... 117
Agora a tarde está cercada de leões de fogo,............................... 61
Ao longo do bazar brilham pequenas luzes.................................. 135
Àquele lado do tempo 109
Aqui a ventania não dorme,... 111
As imensas rochas cinzentas.. 77
As solas dos teus pés... 55
Auriceleste manhã com as estrelas diluídas 49
Bem de madrugada,.. 63
Brancas eram as tuas sandálias, Bhai, ... 115
Cinza. 69
De longe, podia-se avistar o zimbório e os minaretes................ 37
Derramam-se as estudantes pela praça,... 81
Dia de cristal 139
Eis o Ganges que vem de longe para servir aos homens. 105
Então, à tarde, vêm os jumentinhos 71
Entre mil jorros de arco-íris e entrelaçados arroios,..................... 119
Entre os meninos tão nus... 101
Entre palácios cor-de-rosa,... 39
Era astrólogo ou simples poeta? 121
Eu vi a rosa do deserto... 27
Eu vi as pedras nascerem,... 91
Finos dedos ágeis,.. 125
Há o sol que chegou cedo à montanha ventosa 99
Haiderabade:.. 133
Ia tão longe aquela música, Bhai!... 79
"Já tivemos Gautama e Gandhi... 75
Mais que as ondas do largo oceano 31
Meu peito é mesmo Golconda:... 113
Na água viscosa, cheia de folhas,... 51

Não deixaremos o jardim morrer de sede..103
Não descera de coluna ou pórtico,..33
Nas grandes paredes solenes, olhando, ...47
Neste lugar só de areia, ...141
No meio do campo, longe,...85
O barco é negro sobre o azul. 137
O cego vai sendo levado pelo menino. 87
O rugoso elefante pousa as patas cuidadoso nas pedras,............................83
O Santo passou por aqui. 67
Os cavalos do Marajá 95
Os sáris de seda reluzem 123
Panos flutuantes de todas as cores 53
Passante quase enamorado, ...25
Passei por aqui..89
Por mais que sacuda os cabelos,...57
Quando as estradas ficarem prontas,..127
Quente é a noite,..35
Somos todos fantasmas 131
Suspiraram as rosas..129
Talvez seja o encantador de serpentes!..29
Todos queremos ver a Deusa...107
Trouxe um menino. 65
Tudo era humilde em Patna:..59
Varre o chão de cócoras. 45
Veremos os jardins perfeitos..97
Viajo entre poços cavados na terra seca...41

Conheça outros títulos de
Cecília Meireles pela Global Editora:

Romanceiro da Inconfidência

A literatura brasileira está repleta de obras em prosa romanceando acontecimentos históricos. Mas uma das mais brilhantes delas é, certamente, o *Romanceiro da Inconfidência*, iluminado pela poesia altíssima de Cecília Meireles. O poema (na verdade formado por vários poemas que também podem ser lidos isoladamente) recria os dias repletos de angústias e esperanças do final da década de 1780, em que um grupo de intelectuais mineiros sonhou se libertar do domínio colonial português, e o desastre que se abateu sobre as suas vidas e a de seus familiares.

Utilizando a técnica ibérica dos romances populares, a poeta recria com intensa beleza o cotidiano, os conflitos e os anseios daquele grupo de sonhadores. Diante dos olhos do leitor surgem as figuras de Tomás Antônio Gonzaga, Cláudio Manuel da Costa, e, se sobressaindo sobre todos, o perfil impressionista de Tiradentes, retratado como um Cristo revolucionário, tal a imagem que se modelou a partir do século XIX e se impôs até nossos dias.

Como observa Alberto da Costa e Silva no prefácio, "com a imaginação a adivinhar o que não se mostra claro ou não está nos documentos, Cecília Meireles recria poeticamente um pedaço de tempo e, ao lhe reescrever poeticamente a história, dá a uma conspiração revolucionária de poetas, num rincão montanhoso do Império português, a consistência do mito".

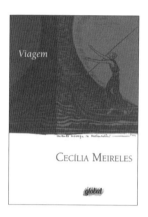

Viagem

Viagem representa um momento de ruptura e renovação na obra poética de Cecília Meireles. Até então, sua poesia ainda estava ligada ao neossimbolismo e a uma expressão mais conservadora. O novo livro trouxe a libertação, representando a plena conscientização da artista, que pôde a partir de então afirmar a sua voz personalíssima: "Um poeta é sempre irmão do vento e da água:/ deixa seu ritmo por onde passa", mesmo que esses locais de passagem existam apenas em sua mente.

Encontro consigo mesma, revelação e descoberta, sentimento de libertação, desvio pelas rotas dos sonhos, essa *Viagem* se consolida numa série de poemas de beleza intensa que, por vezes, tocam os limites da música abstrata.

Estou diante daquela porta
que não sei mais se ainda existe...
Estou longe e fora das horas,
sem saber em que consiste
nem o que vai nem o que volta...
sem estar alegre nem triste.

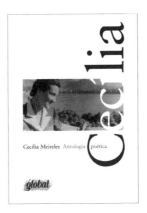

Antologia poética

Nesta *Antologia poética*, podemos apreciar passagens consagradas da encantadora rota lírica de Cecília Meireles. Escolhidos pela própria autora, os poemas aqui reunidos nos levam a vislumbrar diferentes fases de sua vasta obra. Pode-se dizer, sem sombra de dúvidas, que o livro é uma oportunidade ímpar para se ter uma límpida visão do primor de seus versos. Cecília, por meio de uma erudição invejável, cria composições com temas como amor e saudade, que se revestem de uma força tenazmente única.

Nesta seleção de sua obra poética, Cecília elenca versos de outros livros fundamentais, como *Viagem*, *Vaga música*, *Mar absoluto e outros poemas*, *Retrato natural*, *Amor em Leonoreta*, *Doze noturnos da Holanda*, *O Aeronauta*, *Pequeno oratório de Santa Clara*, *Canções*, *Metal rosicler* e *Poemas escritos na Índia*. Como não poderia deixar de ser, a antologia também traz excertos centrais de seu *Romanceiro da Inconfidência*, livro essencial da literatura brasileira.

De posse do roteiro seguro que é esta antologia de poemas de Cecília Meireles, o leitor apreciará as sensibilidades de uma das maiores timoneiras do verso em língua portuguesa.

GRÁFICA PAYM
Tel. (11) 4392-3344
paym@terra.com.br